AF590502

COLLECTION D'AVENTURES

LE GRAND CHOC

L'ÉCUMEUR D'ARCHIPELS

490 COLLECTION D'AVENTURES, 3, Rue de Rocroy, Paris (10e)

Collection d'Aventures

Le volume : 45 centimes.

TITRES DES VOLUMES PARUS

279.	Le Maître du Monde	G. CHOQUET.
280.	Le Vaisseau Aérien	G. CHOQUET.
281.	Justus Wise détective	A. ROMAGNY.
282.	La Chasse à l'Homme	A. ROMAGNY.
283.	Le Courrier de Lyon	J. ALEYRAC.
284.	La Maison du poivre de Cayenne	J. ALEYRAC.
285.	L'Héritage de la Mendiante	M. MARIO.
286.	Le Cabaret du Rat Blanc	M. MARIO.
287.	Le Mystère des Ruines	D. RAMIÈRES.
288.	Le Prisonnier du Souterrain	D. RAMIÈRES.
289.	Les Petits Chanteurs des Rues	J. FABIEN.
290.	Le Mystérieux Mage	J. FABIEN.
291.	Au milieu des Lions	J. FABIEN.
292.	Un Duel à l'Américaine	J. FABIEN.
293.	La Sorcière Jaune	J. FABIEN.
294.	Kaich, le Fakir	J. FABIEN.
295.	Les Hommes-Serpents	J. FABIEN.
296.	Perdus dans la Neige	J. FABIEN.
297.	Les Éclaireurs Rouges	A. ROMAGNY.
298.	L'Automobile blindée	A. ROMAGNY.
299.	Les Champs d'Or de l'Urubu	J. MOSELLI.
300.	Les Cahots de la Faim	J. MOSELLI.
301.	L'Antre des Crabes Géants	J. MOSELLI.
302.	Le Poison des Vaudoux	J. MOSELLI.
303.	Les Esclaves de la Cité de l'Or	J. MOSELLI.
304.	Le Trésor du Bagne	J. MOSELLI.
305.	Les Prisonniers de l'Océan	J. MOSELLI.
306.	La Vengeance du Forçat	J. MOSELLI.
307.	Les Yeux d'acier	P. ADAM.
308.	Dans les Eaux polaires	P. ADAM.
309.	L'Île Mécanique	P. ADAM.
310.	La Marche à la Navaja	P. ADAM.
311.	Les Aventures de Coucou	G. CHOQUET.
312.	Le Gouffre aux serpents	G. CHOQUET.
313.	Les Cœurs Sanglants	G. CHOQUET.
314.	Thomas, Belle-Sûre	G. CHOQUET.
315.	Le Sachem des « Bonnets-Noirs »	G. CHOQUET.
316.	La Ville Morte	G. CHOQUET.
317.	L'Empire de la Sierra	F. D'ARGELLES.
318.	L'Automobile d'or	F. D'ARGELLES.
319.	Les Requins du Pacifique	J. MOSELLI.
320.	Le Trésor de l'Orpheline	J. MOSELLI.
321.	Les Cannibales des Mers du Sud	J. MOSELLI.
322.	La Justice des Requins	J. MOSELLI.
323.	Pédro, le Tueur d'Hommes	G. CHOQUET.
324.	La Guerre dans la Prairie	G. CHOQUET.
325.	La Taverne des Chutes	G. CHOQUET.
326.	Le Nain au Collier de Chien	G. CHOQUET.
327.	L'agonie d'une Race	G. CHOQUET.
328.	Les Drames de l'Amazone	G. CHOQUET.
329.	Perdu dans la Forêt Vierge	G. CHOQUET.
330.	Le Château du Lac	G. CHOQUET.
331.	Brulheim, le Colosse Roux	G. CHOQUET.
332.	Dans les Ténèbres éternelles	G. CHOQUET.
333.	Au Pays de l'Épouvante	G. CHOQUET.
334.	Le Tour du Monde de Gaspard Bras-de-Fer	M. MARIO.
335.	Le Roi du Désert	M. MARIO.
336.	Au cœur du Soudan	M. MARIO.
337.	La Maison des Bandits	M. MARIO.
338.	Les Chiens Policiers	M. MARIO.
339.	Les Naufrageurs de l'air	J. MOSELLI.
340.	Les Espions de la Mer Jaune	J. MOSELLI.
341.	La Prison Aérienne	J. MOSELLI.
342.	Les Étrangleurs de Batavia	J. MOSELLI.
343.	Le Désert de Roup	J. MOSELLI.
344.	Le Trésor du Planteur	M. MARIO.
345.	La Vengeance du Pèlerin	M. MARIO.
346.	Le Sultan du Massalit	M. MARIO.
347.	La Perle de Sumba	J. DE NAUSEROY.
348.	La Taverne de la « Couronne »	J. DE NAUSEROY.
349.	La Barrière de Feu	J. DE NAUSEROY.
350.	Le Trésor du lac d'argent	J. ALEYRAC.
351.	Dans la Prairie « houleuse »	J. ALEYRAC.
352.	La Grande-Main-de-Feu	J. ALEYRAC.
353.	Le Canon Nocturne	J. ALEYRAC.
354.	La Vallée des Cerfs	J. ALEYRAC.
355.	L'Île aux Lingots	PIERRE ADAM.
356.	Les Hommes Violets	PIERRE ADAM.
357.	Le Poteau Vivant	PIERRE ADAM.
358.	Le Prince Napoudja	G. CHOQUET.
359.	Les Adorateurs du Serpent	G. CHOQUET.
360.	Les Assommeurs du Mananpour	G. CHOQUET.
361.	Le Temple des Tortues	G. CHOQUET.
362.	La Fosse aux Tigres	G. CHOQUET.
363.	Le Téléluz	J. MOSELLI.
364.	Les Diamants du Désert	J. MOSELLI.
365.	Les Rois du Rifle	JO. VALLE.
366.	Les Condors de la Sierra	JO. VALLE.
367.	Le Vallon du Tonnerre	JO. VALLE.
368.	La Clé d'Argent	A. ROMAGNY.
369.	L'Homme Roux	A. ROMAGNY.
370.	À Travers le Yunnan	G. CHOQUET.
371.	Le Défilé d'Enfer	G. CHOQUET.
372.	La Mine d'Or du Naufragé	J. ALEYRAC.
373.	Au fond du Puits	J. ALEYRAC.

Tous ces volumes sont expédiés *franco* à domicile sur demande accompagnée d'un mandat et adressée à l'Administration, 3, rue de Rocroy, Paris (Xe). Ajoutez au prix de chaque volume 15 centimes pour le port.

(Voir la suite sur la couverture, page extérieure.)

LE GRAND CHOC

L'Écumeur d'Archipels

RÉSUMÉ DES VOLUMES PRÉCÉDENTS

Le célèbre astronome Tipanon ayant découvert que la planète Mars se rapproche de la terre, qu'elle va rencontrer bientôt, a provoqué un effroi général. Heureusement un ingénieur, M. Falauvel, a annoncé qu'il allait faire sortir la terre de sa route habituelle pour éviter le grand choc. Mais les astronomes de tous les pays ayant constaté que Tipanon s'est trompé, tout le monde redoute à présent Falauvel et voudrait l'empêcher de réaliser son projet. Un louche personnage du nom de Klonket Ligalug a même été chargé de tuer l'ingénieur français. A la suite de nombreuses aventures, Falauvel est parti en yacht, avec son ami Domiel, vers le pôle magnétique. Il a eu la douleur d'être séparé de sa fille Marthe, faite prisonnière à New-York par Ligalug, qui vient de l'embarquer sur un voilier appartenant à l'aventurier Sherpy, l'Écumeur d'Archipels.

CHAPITRE PREMIER

SHERPY EST CURIEUX DE SON NATUREL

— Trois nœuds de plus ? Tu dis que le *Zèbre*, sur lequel nous sommes, marche mieux encore que ton ancien voilier ?

Sherpy fit la grimace.

— Toi, songeait-il, tu ne réponds pas à la question que je viens de te poser. Ne l'aurais-tu réellement point entendue ?

Il redemanda :

— Est-ce que nous allons loin ?

— Heu !... non... j'espère que non, dit Ligalug. Si ton navire dévore les milles comme tu l'affirmes...

Il ajouta, après une pause :

— D'ailleurs, si nous allions loin, tu n'y perdrais rien, puisque, selon nos vieilles conventions, je te paye en raison des distances parcourues. Mets le cap au nord, mon ami !... Eh bien, qu'attends-tu ?

L'écumeur d'archipels ne bougeait pas.

— Tenez, maître, dit-il à voix basse,

j'aime autant vous expliquer carrément les choses... Quand Diabolo est venu me trouver de votre part, je n'ai pas hésité une seconde... J'ai répondu présent ! Mais il faut que vous sachiez que la police américaine me cherche noise depuis quelque temps, et aussi la police japonaise, et aussi la police chinoise. Vous voyez de quelle utilité serait pour moi la connaissance exacte de la mission que vous désirez me confier. Je manœuvrerai en conséquence...

— Tu es devenu curieux en vieillissant, Sherpy ! remarqua Ligalug. Je ne t'ai jamais connu autrement qu'aux prises avec les agents de l'autorité... Ouvre l'oreille, mon garçon. Je viens de me marier...

— Ah ! ah ! fit l'aventurier. Mais pas avec la personne que nous venons d'embarquer, je suppose ?

— Si, si !

— Ce n'est donc pas une prisonnière ?

— Je la traite comme telle... La malheureuse est folle... Son père ne m'en avait rien dit... Il s'est embarqué pour Yokohama il y a quelques heures... Merci du cadeau ! Je veux lui rendre sa fille au plus vite !

— Ah ! très bien ! sourit Sherpy.

— Alors, toutes voiles dehors, hein ? Où est ma cabine ?

— Où vous voudrez, maître.

— Le plus loin possible de cette pauvre détraquée...

— Et vous dites qu'il faut gouverner vers le nord ?

— Oui, sans dévier.

L'écumeur s'inclina, souhaita bonne nuit à son passager ; mais, demeuré seul, il eut un ricanement intérieur.

— Si tu crois que je prends ce que tu viens de me dire pour argent comptant, tu te trompes, songeait-il. D'abord, si tu voulais rattraper un bateau allant à Yokohama, ce ne serait pas vers le nord qu'il faudrait diriger le *Zèbre*, mais vers le sud. Ensuite, Diabolo, qui ne plaisantait pas lorsqu'il m'a proposé de le suivre, parlait bien d'une prisonnière... Ligalug m'a menti ! Donc il a intérêt à me mentir. Donc, moi, j'ai intérêt à découvrir la vérité... Cela peut me rapporter gros.

Ayant ainsi raisonné, l'aventurier se promit de manœuvrer en conséquence. Et, pour commencer, il alla trouver Diabolo.

— Tu m'as fait conclure un bon marché, lui dit-il. Je veux, en signe de remerciement, que nous buvions ensemble une bonne bouteille. Viens...

— Ce n'est pas de refus, accepta Diabolo.

L'instant d'après, dans la cabine du forban, les deux hommes dégustaient un vin de Bourgogne.

— Ligalug m'a tout raconté, dit Sherpy ; c'est amusant au possible, cette histoire-là.

— N'est-ce pas ? sourit Diabolo. Mais vous a-t-il dit quel rôle on m'a fait jouer au château creux, près du chantier flottant ?

— Il ne m'en a touché que quelques mots...

— Ah ! ce n'est pas suffisant ! Il faut que vous sachiez le reste ! s'enflamma Diabolo entre deux rasades.

Et, rendu loquace par la boisson généreuse, il entreprit le récit fidèle des événements connus des lecteurs. Sherpy buvait les paroles du narrateur mieux encore que le vin dont il emplissait de temps à autre son verre.

— Et maintenant, termina Diabolo, donnant, donnant. Je vous ai renseigné sur des points que vous ignoriez. A votre tour, dites-moi à quoi sert ce ponton, que remorque le yacht, et où va Falauvel, qui est, ainsi que je vous l'ai dit, le père de la jeune Française. Ligalug a dû vous mettre au courant... A moi, il ne s'est pas confié, et je n'ai pas osé le questionner...

Au lieu de répondre, Sherpy demanda :

— Penses-tu que la prisonnière soit folle ?

— Elle ? se récria Diabolo. Qu'est-ce qui vous le fait supposer ?

— Ses gestes un peu désordonnés.

— Eh ! mettez-vous à sa place ! Entre nous, elle fait preuve d'un beau courage. Combien d'autres jeunes filles, dans la même situation, se lamenteraient sans fin et perdraient pour tout de bon la raison !...

— Il me semble, camarade, que la fatigue t'incline au sommeil ? fit l'aventurier.

Diabolo clignotait des paupières et dodelinait de la tête. Le bourgogne produisait son effet. Sherpy brusqua l'entretien :

— Allons, à demain, fellow, dit-il.

Il le reconduisit jusqu'au gaillard d'avant, puis s'en revint chez lui, non sans réfléchir à ce qu'il venait d'entendre. Il était à la fois satisfait et intrigué ; satisfait d'avoir la certitude que Ligalug avait cherché à le tromper ; intrigué par l'histoire de ce chantier et de ce ponton bizarre...

— Et je me contenterais de l'indemnité kilométrique que m'offre Ligalug ? se dit-il. Pas si bête !

Le lendemain, au petit jour, il alla frapper à la porte de la cabine de Marthe.

La jeune fille, qui n'avait presque pas dormi, était debout. Sherpy, l'entendant marcher, tourna la clef demeurée à l'extérieur, dans la serrure, poussa la porte... Marthe sursauta à la vue de l'écumeur d'archipels, dont la stature et la tenue n'avaient rien de rassurant.

— Soyez sans crainte, mademoiselle, dit mielleusement le visiteur. Ce n'est pas un ennemi qui vient vers vous...

— Je ne suis entourée que de gens acharnés à me perdre ! articula Marthe d'une voix sombre. Si vous étiez sincère, si vous n'étiez pas un ennemi, accepteriez-vous de servir les desseins du sinistre bandit qui veut tuer mon père et me garde en otage ?

— Eh ! laissez-moi finir, mademoiselle ! Le sinistre bandit n'aura pas à compter sur mon aide, si vous en décidez ainsi. Mais encore faut-il que je sache si M. votre père sera capable de récompenser mon zèle...

— Oh ! s'écria la prisonnière, papa vous donnera jusqu'au dernier sou si vous me rendez à lui ! Et notre ami, M. Domiel, qui est très riche, et qui voyage avec mes parents, vous versera cent fois la somme que vous a promise Ligalug. Je me porte garante de sa générosité ! Mais ne vous jouez-vous point de moi ? Ne venez-vous pas me faire souffrir davantage encore ? N'êtes-vous pas un de ces pirates cruels qui torturent leurs victimes ?

— Mademoiselle, fit l'écumeur d'archipels, Ligalug a voulu jouer au plus fin avec moi. A ce petit jeu, et si vous m'aidez, il se cassera les dents. Jouez la comédie du désespoir pour ne pas lui laisser deviner que nous avons conclu une alliance. Je vous rendrai à M. Falauvel, et je lui remettrai Ligalug pieds et poings liés. Seulement, où faut-il aller pour trouver votre père ?

— Au pôle magnétique nord, répondit Marthe.

— Vous dites ?

La jeune fille répéta sa phrase.

— Sapristi fit Sherpy ; cette terre m'est inconnue !

— Ce n'est peut-être pas une terre.

— Alors ?

— C'est peut-être un point... Un point où il n'y a que de l'eau... J'ai vu bien des fois, à Paris, mon père déterminer ce point...

— Vrai ? rayonna l'aventurier : vous sauriez me le montrer sur une carte ?

— Certes !

— Et qu'y va-t-il faire, s'il n'y a rien ?

— Renverser la planète.

Sherpy ouvrit les yeux et la bouche et demeura quelques secondes sans voix.

— Comment dites-vous ça ? interrogea-t-il ensuite.

— Faire basculer le globe terrestre, dit Marthe.

— Il est fou, M. votre papa ?

— Du tout !

— Ou bien, ma petite, c'est vous qui perdez la raison !... Dites-moi quel jour a eu lieu votre mariage avec Ligalug ?

— C'est vous qui êtes fou, monsieur ! s'exclama la jeune fille, mariée à ce traître, plutôt mourir, vous entendez ?

— Ne vous fâchez pas ! Ne vous fâchez pas ! sourit Sherpy qui pensait tout bas : « Elle a l'air, ma foi, de raisonner droit et d'avoir sa complète lucidité ! »

Puis, à haute voix :

— Je vous apporterai ce soir une carte et un crayon rouge. Et je vous sauverai, mademoiselle ! Ah ! Ligalug a voulu me jouer ! Nous verrons ! Vous verrez ! Gardez le secret et laissez-moi agir !

Marthe, qui ne s'attendait pas à un tel revirement du sort en sa faveur, balbutia des paroles de reconnaissance que le forban n'entendit point. Il venait en effet de se retirer. Sur le pont, il se heurta à Ligalug.

— Beau temps, hein ? lui dit l'espion.

— Oui, oui, nous filons à une allure endiablée, articula le pirate.

Puis, sans transition :

— J'ai oublié de vous dire, hier soir, que mes hommes ne seraient pas fâchés de toucher un peu d'argent... Je leur ai promis un acompte pour les décider, car ils semblaient hésitants... Or, ma caisse est à sec...

Ligalug dissimula une grimace.

— Je n'avais pas prévu votre demande, dit-il ; je comptais vous payer au retour... Je n'ai sur moi que trois mille dollars, en billets, naturellement.

— Donnez toujours, ricana Sherpy.

L'Allemand s'exécuta. A moins de vingt mètres d'eux, Marthe, vibrante d'espérance, se surprenait à fredonner une chanson...

⁂

Elle eût chanté de meilleur cœur encore si elle avait pu voir à quels préparatifs se livraient Henri Michel et Corcoze.

On se souvient que le lieutenant et le domestique avaient appris au poste de télégraphie sans fil d'Astoria, que Falauvel ne donnait plus de nouvelles.

— L'ingénieur aurait-il fait naufrage ? se demandèrent les jeunes gens.

— Quoi qu'il en soit, observa Michel, Mlle Marthe est aux mains de cet infâme Ligalug, et elle ne recouvrera sa liberté que si nous nous y employons nous-mêmes.

— Oui, mais que faire ?

— Rejoindre le voilier.

— Par quel moyen ?

— Ah ! voilà !

L'officier ne pouvait songer à louer un navire, faute d'argent. D'ailleurs, même en y mettant le prix, il n'était pas certain de trouver le bâtiment rapide qu'il eût fallu...

A tout hasard, ils se rendirent sur le port. Henri était décidé à n'importe quel geste de hardiesse. Au besoin, il demanderait à quelque capitaine, comme un service, de prendre la mer tout de suite...

Mais, dans le bassin aux steamers, il n'y avait pour l'instant que de lourds charbonniers et des barques vermoulues.

— Pas de chance ! soupira Corcoze.

— Chance extraordinaire, veux-tu dire ! s'écria Michel. Regarde là-bas !

Du doigt, le lieutenant désignait un engin que le valet de chambre reconnut aussitôt.

— Un aéro, monsieur !...

— Un hydravion, rectifia Henri. C'est beaucoup mieux. Et un hydravion militaire, si je ne me trompe !

Le fuselage blindé de l'appareil et certains détails familiers au jeune officier montraient qu'il se trouvait en présence d'une des machines volantes destinées à la surveillance des côtes.

Moins de cinq minutes plus tard, nos deux amis abordaient un matelot qui montait la faction sur le quai, à quelques mètres de l'aéroplane.

— Où est le pilote ? demanda Michel.

— Chez lui, en permission, répondit le marin.

— Quand reviendra-t-il ?

— Dans huit jours.

— Qui le remplace ?

— Personne.

— Où sont les chefs hiérarchiques de l'aviateur ?

— A trois cents milles d'ici.

— Et si nous voulions essayer l'appareil ?

Le matelot eut un gros rire.

— Impossible, dit-il.

Michel et Corcoze regardèrent le matelot d'un air qui signifiait : « Voyons, voyons, ce n'est pas votre dernier mot? Vous savez que rien n'est impossible ! »

L'Américain qui lisait clairement ces mots dans les prunelles de ses interlocuteurs, articula, comme pour s'excuser :

— La consigne est la consigne !

Corcoze eut une grimace de désappointement. Henri applaudit.

— Bravo ! voilà un soldat modèle ! « La consigne est la consigne ?... » Nous parlions de même sur le front.

Le matelot tressaillit.

— Quoi ? fit-il, de quel front s'agit-il ?

— De celui qui allait de la mer du Nord aux Vosges, mon garçon.

— Vous y étiez ?

— Un peu !

— Monsieur était lieutenant dans un régiment français, dit Corcoze en se rengorgeant.

Le marin rectifia la position et présenta les armes, Michel rendit le salut.

— Je suis à la recherche d'un traître allemand, dit l'officier, je sais qu'il essaye de s'enfuir sur un bateau à voiles et je serais navré qu'il nous échappât sous prétexte qu'un règlement s'oppose à ce qu'on touche à cet hydravion.

Le matelot, depuis un instant, n'était plus le même. Son visage s'était radouci.

— Savez-vous conduire ? demanda-t-il.

Michel répondit affirmativement.

— Vous n'en avez pas pour longtemps ?

— Quatre ou cinq heures au plus, j'imagine.

— Et si un accident survenait...

— Je paierai les dégâts, cela va de soi.

Le marin, cependant, n'était pas tout à fait décidé.

— Si j'avais un mot de vous, pour me couvrir devant mes chefs, dit-il ; excusez-moi de vous le demander...

— Facile, facile, sourit le lieutenant.

Il écrivit un billet au dos de son titre de permission, qu'il avait choisi tout exprès parmi les papiers de son portefeuille pour authentifier le certificat. Le marin, radieux de rendre service à un Français appartenant à l'armée de combat et heureux, en plus, d'en avoir fini avec une faction monotone, accompagna nos amis jusqu'auprès de l'appareil, s'assura lui-même qu'il y avait de l'essence dans le réservoir et de l'huile de ricin pour lubrifier les organes du puissant moteur.

— Rien ne manque, pas même les bombes, fit-il remarquer.

Michel et Corcoze endossaient les vêtements fourrés demeurés au fond du baquet. Quand ils eurent coiffé le passe-montagne à jugulaire et mis de gros gants de peau de phoque, ils s'installèrent. Le marin avait doucement halé l'hydroplane de manière à l'orienter face au large.

Les aviateurs occasionnels lui firent un dernier signe amical... Henri mit le moteur en marche, l'hélice tourna à une vitesse prodigieuse, l'appareil glissa légèrement sur l'eau. Puis il s'enleva et fila droit vers la mer.

***

Falauvel rouvrit les yeux.

— Jetez cette bête à l'eau ! cria-t-il. C'est une infection et nous...

Il s'arrêta net, se frotta les yeux, regarda autour de lui...

— Hein ? calma-t-il.

Il n'était plus sur le pont du yacht. On se souvient de quelle manière ses amis et lui-même avaient pêché, dans l'océan couleur d'encre, l'étrange poisson-boule phosporescent, et comment les émanations dégagées par la chair de l'animal mort avaient frappé de somnolence l'ingénieur, sa femme, M. Domiel et les hommes d'équipage.

— Hein ? répétait Falauvel. Est-ce que je rêve ? Est-ce que je suis devenu fou ?

Il était étendu de tout son long sur un sol dur, jaune et éblouissant. On eût dit de la glace dorée.

Il se leva. Ses semelles firent résonner cette terre qui n'était pas de la terre.

Il regarda à droite, à gauche, devant lui, derrière lui... Et il sentit un immense affolement le gagner en constatant qu'il ne voyait rien que du jaune.

Il leva la tête... Le ciel était jaune.

Il se tâta le pouls.

— Je n'ai pourtant pas la fièvre ! se dit-il. Alors ?

Il appela :

— Domiel ?...

Une terreur le prit aussitôt. Des voix répétèrent : « Domiel ! Domiel ! Domiel ! » tout autour de lui ; elles firent pendant près d'une minute, un vacarme inquiétant.

Jamais le savant ne s'était trouvé dans une situation semblable. En rassemblant ses souvenirs, il revoyait la

— A la bonne heure ! se réjouit **Falauvel. Je vais apprendre quelque chose !**
Puis secoué d'un tressaillement subit :
— Quels sont ces visiteurs? **Je dois rêver encore !**

mer, le yacht, le ponton, le filet, les poissons lumineux... A partir de là, plus rien...

Il se prit la tête à deux mains pour réfléchir, et, machinalement, il marcha droit devant lui... Au bout de trente pas, il poussa un rugissement de douleur et tomba à la renverse.

Il venait de se heurter à quelque chose de jaune et de dur, qu'il ne croyait pas si près.

— Je suis enfermé ! s'effara-t-il ! enfermé dans une chambre diabolique. Mais par qui ? Et pourquoi ?

Comme pour lui répondre, un bruit retentit quelque part derrière les cloisons bizarres de ce local mystérieux.

L'instant d'après, des silhouettes se découpèrent en noir sur le jaune éblouissant de la muraille.

— A la bonne heure ! se réjouit Falauvel. Je vais apprendre quelque chose !

Puis, secoué d'un tressaillement subit :

— Quels sont ces visiteurs ? Je dois rêver encore !...

Etaient-ce des hommes ou bien des animaux qui s'avançaient vers lui ? Ces êtres avaient des jambes et des bras, à coup sûr ; et une tête également. Mais les jambes étaient grêles comme des bâtons ; mais les bras étaient longs et flexibles comme des lianes ; mais les têtes avaient des dimensions de grosses citrouilles... Et de petits yeux pétillant de curiosité farouche fixaient l'ingénieur.

Ces habitants difformes d'une contrée stupéfiante étaient au nombre d'une quinzaine. Une ceinture confectionnée au moyen d'écailles d'huîtres constituait leur unique vêtement. Il faisait, lorsqu'ils marchaient, une musique désagréable à l'oreille.

Falauvel, les yeux dilatés de surprise plus encore que d'épouvante, demeurait immobile. Les nouveaux arrivants se donnèrent la main et formèrent cercle autour de lui.

Alors, l'ingénieur sentit un fourmillement intense lui courir par tout le corps ; ses cheveux se dressèrent sur sa tête, sa moustache se raidit, des étincelles bleues sortirent de ses doigts.

— Des hommes-torpilles ! s'écria-t-il ; des hommes électrisés ? Je suis au pôle magnétique !

En l'entendant parler, les gens difformes levèrent les bras et gloussèrent :

— Tit mao ! Tit mao ! Tit mao !

Instantanément, le fourmillement avait cessé de tourmenter Falauvel. Il profita de ce répit pour interroger, par signes, les personnages redoutables.

Ces derniers l'observèrent avec beaucoup d'attention. Visiblement, ils cherchaient à comprendre. L'un d'eux poussa un petit cri et dit aux autres :

— Gugu !

Puis il disparut prestement pour revenir, une minute plus tard. Il tenait une espèce de corde à laquelle étaient attachés, par une patte, de grosses araignées vertes et rouges. Il tendit ce chapelet vivant à l'ingénieur qui recula de trois pas.

Les hommes-torpilles manifestèrent un gros étonnement. Le plus naturellement du monde, ils grappillèrent les araignées et les mangèrent. L'horreur qu'un tel spectacle faisait naître chez Falauvel l'empêcha de songer, pour un instant, à ce qui le troublait depuis son réveil.

Les visiteurs, cependant, se retiraient comme ils étaient venus. L'ingénieur, de nouveau seul, se dit :

— Je ne puis ni ne veux demeurer ici... Qu'est devenue ma femme ? Où sont mes compagnons de voyage ? Je n'aurai de cesse que je n'aie éclairci ce point.

Il se dirigea du côté par où les indigènes s'étaient éclipsés ; mais, cette fois, il prit soin d'étendre les mains en avant pour éviter les chocs à la tête.

Il découvrit ainsi, à tâtons, un passage étroit dans lequel il s'engagea. En raisonnant, il comprenait qu'il ne s'était pas rendu seul dans la caverne éblouissante ; que les hommes aux jambes grêles avaient dû l'y transporter ; qu'il était donc le prisonnier de ces sauvages et qu'il avait intérêt à faire le moins de bruit possible. Il commençait à s'expliquer que la lumière qui l'avait tant intrigué au premier moment devait être le produit d'un phénomène magnétique ; les souvenirs se précisant, il revit les montagnes de métal que l'équipage entier avait aperçues du yacht au moment où l'on sortait du courant terrible.

— Notre navire marchait quand nous nous sommes évanouis tous ensemble, murmura-t-il ; l'hélice a dû continuer à tourner, et le yacht sera venu s'échouer à la côte alors que nous étions plongés dans notre sommeil léthargique. Les indigènes se seront emparés de nous sans difficulté. Quelle aventure, mon Dieu ! Quelle aventure !...

Falauvel en était là de son soliloque quand son pied heurta un corps dur... La nuit se fit aussitôt dans l'étroit couloir.

— Allons, bon ! j'ai déplacé le mécanisme qui donnait la lumière, se dit-il. Mais alors ? le mécanisme aurait été imaginé et construit par les habitants aux longs bras flexibles ? Et ils ne seraient pas des sauvages ainsi que je l'ai cru tout d'abord ?

L'ingénieur allait se baisser pour rétablir le courant, lorsqu'un étrange carillon se fit entendre. Il y eut presque aussitôt une galopade, des gloussements précipités. Falauvel se sentit saisi dans la nuit, agrippé aux bras et aux jambes, soulevé, emporté. Le couloir s'éclaira de lueurs blafardes, puis ce fut le grand, le vrai jour, la bonne lumière du soleil. Les indigènes remirent le captif sur ses jambes.

— Gui ti s... s,,,s ! ordonnèrent-ils.

Falauvel supposa que cela voulait dire : Marche ! Et il suivit celui des hommes à la tête de citrouille qui s'était placé devant la petite troupe.

On traversa ainsi un désert hérissé de pierres lisses et tranchantes comme des blocs de verre. Le paysage était limité en avant par une montagne majestueuse sur le flanc de laquelle on chemina. Les hommes aux jambes grêles étaient d'une force et d'une lestesse extraordinaires. Si leurs muscles étaient peu développés, faibles par conséquent, leurs nerfs semblaient d'acier.

Au bout d'une demi-heure d'ascension qui mit Falauvel en nage, on franchit la porte d'une muraille grossière. L'ingénieur étouffa un cri.

Là-bas, c'était la côte, et plus loin, la mer, l'immense océan couleur d'encre. Mais ce n'était pas la vue de la nappe liquide qui emplissait le prisonnier d'intense émotion. Non. C'était le yacht, le yacht de M. Domiel, reconnaissable entre mille.

Le bateau du rentier n'avait pas souffert. Du moins il semblait flotter normalement sur l'eau tranquille. Des câbles le retenaient au rivage, attachés qu'ils étaient à de gros pieux enfoncés dans le sol...

Mais le ponton ?... Le ponton n'y était pas !

Falauvel s'était arrêté, paralysé de surprise intriguée. Les deux hommes qui marchaient derrière lui se donnèrent la main et le touchèrent du doigt. Aussitôt, l'ingénieur fut projeté en avant, et il ressentit dans le dos une douleur comparable à celle qu'eût produite un coup de fouet.

— Aïe ! gémit-il, j'avais oublié que ces gens sont des piles vivantes.

On contournait maintenant la montagne, en suivant une piste étroite et raboteuse. Le prisonnier s'étonnait de n'apercevoir nulle part de maisons. Il en conclut que les indigènes devaient vivre sous terre, dans des souterrains illuminés, semblables à celui qu'il venait de quitter.

Il jetait à chaque tournant du chemin un regard vers la côte dans l'espoir d'y découvrir son commutateur flottant.

— Sizy ! cria le guide.

Falauvel, d'instinct, fit halte et regarda devant lui.

— Oh ! s'exclama-t-il.

CHAPITRE II

POUR AVOIR LA VIE SAUVE

De l'endroit où il venait d'arriver, l'ingénieur dominait un grand ravin au fond duquel plusieurs milliers d'hommes aux jambes grêles et aux têtes énormes étaient rassemblés. Ils attendaient le prisonnier, sans doute, car à sa vue, ils poussèrent un long gloussement et agitèrent leurs bras flexibles, ce qui donna à leur armée l'aspect d'une forêt dépouillée de ses feuilles et agitée par le vent.

Un escalier aux marches inégales conduisit à cette gorge sauvage. Falauvel le descendit, toujours encadré de ses gardes. Ceux-ci l'amenèrent devant un personnage aussi laid que les autres, et qui était le chef de la tribu. Cela se devinait à sa ceinture d'écailles, moins grossière que celles des voisins, à son air arrogant et à un oiseau étrange, tout blanc, tenant à la fois du canard et du perroquet, qui perchait gravement sur la tête de Sa Majesté.

L'ingénieur esquissa un salut. Le roi fit claquer sa langue. Les hommes magnétiques ouvrirent leurs rangs, et une sorte de mendiant s'avança.

Il était chaussé de bottes éculées, vêtu de haillons graisseux, coiffé d'une casquette décolorée par le temps et la pluie, son visage barbu jusqu'aux yeux rappelait d'une manière frappante celui d'un Européen.

— Saga liga laga ! lui dit le roi.

L'homme à la barbe porta l'index de la main droite au genou gauche. Puis, s'adressant à Falauvel en français :

— Tenez-vous à vivre, ou bien voulez-vous mourir ?

— Je n'ai pas peur de la mort, mais il faut que je vive, répondit l'ingénieur dont la surprise était grande de rencontrer un compatriote en ces lieux étranges et reculés.

— Alors, poursuivit l'homme, levez le doigt, montrez le soleil et souriez !

— Pourquoi donc ?

— Obéissez, sapristi ! Il y va de votre existence !

Falauvel s'exécuta. A peine eut-il terminé sa pantomime que les hommes magnétiques se trémoussèrent en gloussant.

— Très bien, approuva le personnage

barbu. Maintenant, raidissez-vous, conservez plus que jamais le sourire, et surtout n'hésitez pas à faire ce que je m'en vais vous dire.

Celui qui servait d'interprète se tourna vers le roi, baragouina des mots que l'ingénieur ne comprenait point. Sa Majesté donna des ordres et, l'instant d'après, un homme magnétique s'avança : il portait une torche allumée, la présentait à Falauvel.

— Eteignez-la en la plongeant dans votre bouche et vous êtes sauvé ! assura le loqueteux.

Le prisonnier dissimula un tressaillement. Quelle était cette horrible plaisanterie ?

— Je vous en supplie ! sourit l'interprète ; ce n'est rien, rien du tout. Vous verrez...

Falauvel, héroïque, prit la torche, en happa l'extrémité flambante. Le rugissement de douleur qu'il poussa se perdit dans le bruit d'écailles que faisaient les ceintures des indigènes. Car, devant l'exploit auquel ils assistaient, ils sautaient d'enthousiasme et se livraient à mille contorsions grotesques.

Sur un signe du roi, ils se calmèrent. Ce même roi s'entretint un moment avec l'interprète. Les hommes magnétiques s'étendirent à plat ventre sur le sol, et l'oiseau blanc qui, jusque-là, n'avait pas quitté Sa Majesté, sautilla de crâne en crâne. Chaque indigène, en se sentant touché par l'animal, faisait entendre une plainte aiguë. L'interprète tira Falauvel par sa manche.

— Venez, lui dit-il ; cette cérémonie ne vous concerne plus.

L'ingénieur suivit l'inconnu. Dès qu'ils furent seuls :

— Vous devinez, monsieur, quelle foule de questions se presse à mes lèvres, dit le père de Marthe. J'ai beau essayer de comprendre...

— C'est très simple, articula le guide. Permettez que je me présente : Jean David, de Saint-Nazaire, capitaine de l'*Insouciant* ; ex-capitaine, plutôt, car mon navire, pris dans un courant terrible certain jour que nous naviguions en plein Océan Pacifique, a coulé ni plus ni moins qu'un sac de plomb. Je ne suis vivant que parce qu'une épave s'est trouvée à la portée de ma main et que je l'ai instinctivement agrippée au passage. Il y a cinq ans avant-hier que cette catastrophe s'est produite...

Le naufragé soupira tristement. Puis, d'une voix faussement enjouée :

— Vous devinez quelle tête j'ai pu faire en tombant aux mains des brutes que vous venez voir ? Je ne comprenais pas encore leur langage, mais il était aisé de se rendre compte de leurs intentions hostiles. Ce fut alors que, payant d'audace comme un désespéré que j'étais, je leur expliquai par signes que j'arrivais en droite ligne du soleil, que mes ailes étaient tombées dans la mer, mais que ma puissance demeurait considérable.

— Un homme qui vient du soleil doit manger du feu, se dirent les sauvages. Et ils me soumirent à l'épreuve de la torture. Depuis, je suis chez eux « prisonnier libre », et ils me gardent comme fétiche pour le cas où ils auraient une guerre à soutenir. Car j'oubliais de vous dire que l'île maudite (c'est ainsi que j'ai baptisé la terre que nous foulons), est habitée par deux clans ennemis ; il y a la tribu des *Bs* et celle des *Ts*. Nous sommes des fétiches de *Bs*, et leur roi porte le nom gracieux de Nioc-Nioc.

— Vous m'avez parlé français sans

hésiter tout à l'heure, fit observer Falauvel ; vous saviez donc...

— Vous étiez endormi quand on vous a transporté dans la grotte ronde, mais vous rêviez à haute voix. Vous vous adressiez à des matelots : « Jetez cette vilaine bête à l'eau ! » disiez-vous. Vous êtes aussi capitaine ?

— Ingénieur... ingénieur...

Falauvel, à son tour, racontait son histoire. Quand il l'eut terminée :

— Mme Falauvel ? vos compagnons ? fit Jean David. Vraiment, non, je ne puis vous renseigner à leur sujet. Je ne les ai pas vus et vous m'apprenez leur existence. Ceci doit vous réjouir, nous réjouir, devrais-je dire ; car nous nous prêterons mutuel appui pour recouvrer notre liberté, n'est-ce pas ? Votre femme et vos amis se cachent vraisemblablement dans quelque coin de l'île... Ils essaieront de vous délivrer... Quant à votre commutateur flottant, que vous croyiez perdu, peut-être s'agit-il de la digdi, de la « bête monstrueuse » dont les indigènes parlaient, hier soir, avec frayeur, et qu'ils n'ont pas osé toucher... Elle se promenait le long de la côte... Nous verrons de quoi il retourne après déjeuner. Je suppose, en effet, que vous devez avoir faim... Vous n'avez pris aucun aliment depuis votre arrivée dans l'île.

— Allez-vous m'offrir aussi des araignées ? grimaça Falauvel.

— Non pas ; mais des serpents... Vous pâlissez ?... J'ai éprouvé votre répugnance au début ; et puis je m'y suis fait. On n'a pas le choix du gibier ici. Les oiseaux sont nombreux, mais ils sont sacrés ; vous verrez des lièvres noirs, mais leur chair musquée est immangeable. Du serpent, vous dis-je ; avec un peu d'imagination, vous croirez manger de l'anguille.

Les deux hommes, tout en parlant, avaient continué de marcher. Ils étaient arrivés devant une muraille de rochers moussus dans laquelle s'ouvrait un souterrain.

— Ma maison, annonça David ; j'entre le premier.

Sous la voûte qui faisait suite à l'ouverture, l'ombre allait s'épaississant à chaque pas. Mais bientôt une lumière dorée, presque aveuglante, succéda aux ténèbres. Une salle à manger rustique apparut, dont l'ex-capitaine de l'*Insouciant* avait lui-même confectionné les meubles.

Et Falauvel, une demi-heure plus tard, épuisé de fatigue, d'émotion, de faim, mangea du serpent pour se refaire des forces... La perspective de remporter une victoire sur les sauvages et les éléments civilisés, lui donnait le courage de triompher, en premier lieu, de son estomac.

***

Cependant, sur le voilier qui l'emportait vers le nord, Marthe ne se sentait plus du tout abattue.

On sait qu'elle avait conclu, contre Ligalug, une alliance avec Sherpy, l'écumeur d'archipels.

Ce dernier, fidèle à la promesse qu'il avait faite le matin même, s'était présenté devant la jeune fille quelques heures plus tard.

— Voici la carte et le crayon rouge, mademoiselle. Montrez-moi le fameux point que votre père veut atteindre...

Marthe fit appel à ses souvenirs, reprit les calculs qu'elle avait vu entreprendre bien des fois par l'ingénieur, aboutit au résultat qui lui parut satisfaisant.

— Oui... je me souviens de ces chiffres-là, sourit-elle.

Et elle fit une petit croix rouge sur la carte.

Sherpy jeta un coup d'œil sur les taches figurant l'océan Pacifique.

— Hé ! mais ! s'exclama-t-il, c'est impossible, mon enfant !

La prisonnière blêmit.

— Comment, impossible ? dit-elle.

L'écumeur prit une mine grave.

— Je suis un vieux routier, moi, vous m'entendez ? J'ai exploré les coins et les recoins des îles océaniques, et les gens par qui je me suis fait offrir de l'argent vous diraient, s'ils étaient ici, que je n'ai pas peur de grand'chose !... Seulement, je ne veux pas perdre mon navire... Et je le perdrais si je m'engageais dans les parages que vous venez de m'indiquer... Je sais ce que je dis, mademoiselle ! J'ai eu, une fois, la hardiesse de me risquer par là, et j'ai failli y laisser la carcasse du bâtiment, et la mienne avec ! Un courant terrible ! Un courant infernal !... Si votre père entreprend de lutter contre ce courant-là, il est perdu ! Tout ce que vous voudrez, ma petite, mais pas d'acrobatie diabolique !

— Alors ? gémit la malheureuse Marthe, vous me laisseriez aux mains de ce misérable Allemand qui...

— Non, non, interrompit l'aventurier. Rien n'est plus facile que de nous débarrasser de Ligalug. Je vous conduirai dans quelque coin bien tranquille de la côte américaine, et, si votre père en réchappe, je veux dire s'il a la sagesse de renoncer à son voyage catastrophique, nous lui ferons savoir que vous êtes vivante et qu'il peut vous racheter moyennant une honnête rançon...

Sherpy se retira sur ces mots. La nuit vint. Marthe, qui avait fait honneur au repas qu'un matelot lui avait servi, s'apprêtait à dormir, quand la porte de la cabine s'ouvrit.

Ligalug entra.

Sans un mot, il se jeta sur la jeune fille, lui mit un bâillon sur la bouche. La prisonnière, terrorisée, tremblait de tous ses membres et se laissa lier les mains derrière le dos sans offrir de résistance.

— Ah ! ricana l'espion, nous complotons avec Sherpy ! Nous avons mis dans nos projets de nous débarrasser de Ligalug ! C'est fort bien imaginé, ma foi !

« Il n'y a qu'un malheur, un tout petit malheur : c'est que j'ai entendu votre conversation de ce soir... Je fumais ma pipe derrière la cloison de la cabine, lorsque cette canaille de Sherpy est venu, avec sa carte et son crayon rouge. Ah ! Ah ! Ah !...

Marthe, frissonnante, roulait des yeux atterrés.

— En route, et tout de suite ! grogna Ligalug.

Il poussa brutalement la jeune fille devant lui.

— Marchons sur la pointe des pieds, ou gare ! ordonna-t-il dès qu'ils eurent atteint l'entrepont.

La nuit était sans lune. Le matelot de quart se tenait à l'avant du voilier, et le timonier, les mains crispées au gouvernail, maintenait le navire dans la direction que Sherpy, avant d'aller se coucher, lui avait assignée.

Ligalug et sa victime purent donc sans être inquiétés, ni même remarqués, gagner l'arrière du bateau. Là, se trouvait une baleinière d'assez grandes dimensions, suspendue à deux câbles montés sur des poulies.

L'Allemand fit signe à Marthe de monter dans l'embarcation. C'était chose facile, la lisse de la baleinière étant à bord avec la partie supérieure du bastingage du voilier.

— A moi, maintenant, murmura Ligalug.

Il sauta lestement dans le grand canot, défit le nœud qui tenait le système en équilibre.

Les poulies, bien graissées, tournèrent sans bruit. Les câbles se déroulèrent et la baleinière glissa perpendiculairement contre le flanc du bateau.

Elle souleva un peu d'écume en touchant l'eau.

— Bon voyage, Sherpy ! fit Ligalug en se tournant vers la masse noire du voilier qui déjà s'estompait dans les ténèbres.

CHAPITRE III

LA CHASSE DANS LA NUIT

La prisonnière, qui avait obéi sans un mot, ainsi qu'on l'a vu, fut la proie d'un accès de désespoir après que le navire de Sherpy eut tout à fait disparu.

— Je suis donc vouée au malheur ? songeait-elle en laissant couler ses larmes. Une première fois, j'avais rencontré, à New-York, quelqu'un qui m'était dévoué et qui se flattait de me rendre à mes parents... Hélas ! Corcoze s'est laissé jouer par le bandit qui triomphe encore aujourd'hui ! Et le zèle de Sherpy ne me sera désormais d'aucune utilité !... A moins que, ne s'apercevant de la fuite de Ligalug et de ma disparition, l'écumeur d'archipels n'entreprenne de nous retrouver. Son bateau marche plus vite que le nôtre...

Marthe se mit à souhaiter ardemment que Sherpy rebroussât chemin. La chose, après tout, n'était pas impossible... Mais justement parce que cette éventualité pouvait se produire, Ligalug se pencha au fond de la baleinière, palpa des objets dans l'ombre, dressa bientôt le mât de l'embarcation et déploya la voile qu'il avait découverte sans peine. Marthe éprouva un nouveau serrement de cœur.

— Adieu l'espérance ! gémit-elle intérieurement. Sherpy ne viendra pas ! Ligalug saura l'éviter ! Et, à moins d'un secours inattendu, c'en est fait de moi ! Je suis infiniment malheureuse !...

Le froid de la nuit, la fatigue et la peine s'ajoutaient pour accabler la jeune fille. Elle ferma les yeux à moitié et se laissa aller à une demi-somnolence peuplée de rêves et de visions. Il lui semblait que le grand canot se transformait en paquebot, un paquebot gigantesque qui se changeait lui-même en île, une île sur laquelle Marthe se promenait sans y rencontrer un habitant. Et puis, dans le ciel, une musique lointaine et monotone se faisait entendre. Le bruit, le ronronnement devenait plus intense. C'était celui d'un moteur. Un avion grossissait, grossissait... Il était monté par le lieutenant Henri Michel et Corcoze. Les deux hommes cherchaient Marthe pour la délivrer et Marthe leur criait : « Ici ! Ici !... A moi !... »

Elle sursauta. Sa gorge était encore contractée et ses yeux emplis de l'image de l'île déserte. Hélas ! c'était

Marthe, frissonnante d'émotion et mue par une sorte d'instinct qui lui disait que les aviateurs la cherchaient, s'était dressée à l'avant de la barque. L'espion ricana :
— Parbleu ! Le pilote va descendre pour vous offrir une place sur son appareil.

la nuit, et, autour d'elle, les vagues ondulaient comme auparavant.

Mais le bruit du moteur ne s'était pas éteint. Il continuait là-haut, dans le noir, sous les étoiles.

— Hein ? grognait Ligalug, quelle est cette plaisanterie ? Serions-nous près du continent et cet infâme Sherpy m'aurait-il trompé plus encore que je ne le supposais ?

Marthe, frissonnante d'émotion et mue par une sorte d'instinct qui lui disait que les aviateurs la cherchaient, s'était dressée à l'avant de la barque. L'espion ricana :

— Parbleu ! Le pilote va descendre pour vous offrir une place sur son appareil ! Appelez-le donc !

Le ronronnement, depuis quelques secondes, devenait plus faible. L'aéro s'éloignait. Bientôt on ne l'entendit que comme un murmure. Puis la voix du moteur s'éteignit tout à fait.

***

La machine volante qui dévorait l'espace au-dessus de l'océan et en pleine obscurité n'était autre, on l'a déjà deviné, que l'hydravion monté par Henri Michel et Corcoze.

On se souvient de la manière dont le jeune officier et son compagnon d'aventures s'étaient procuré le véhicule aérien et de leur hâte de s'en servir.

— Nous ne saurions tarder à retrouver le voilier, monsieur, dit Corcoze dès qu'ils eurent survolé le port d'Astoria et pris de l'altitude. Songez que nous pouvons faire du quatre-vingt-quinze kilomètres à l'heure si ce que nous a affirmé le matelot américain est véridique.

Pour parler à son maître Corcoze devait se servir du tube acoustique spécial à cause du bruit du moteur. Michel était assis devant au volant ; le brave domestique se tenait derrière près du compartiment aux bombes.

L'un et l'autre étaient attachés à leur siège au moyen de courroies de cuir. Dans leurs gros vêtements de peau de phoque et avec leurs passe-montagne et leurs lunettes, ils étaient méconnaissables.

— Oui ! répondit l'officier d'un mouvement de tête. Mais la direction à prendre ?

Sous eux, à perte de vue, des navires sillonnaient la mer. Il y en avait de toutes les dimensions et de tout gréement.

— Suivons la côte ! hasarda Corcoze ; nous reconnaîtrons bien l'endroit où nous avons failli nous noyer.

— Et de là nous nous élancerons vers le nord-ouest, compléta le lieutenant.

La manœuvre était facile à exécuter. Bientôt donc l'hydravion plana au-dessus des rochers sauvages et du fameux chantier mystérieux. Puis, il obliqua et piqua vers des régions solitaires.

Le soleil baissait à l'horizon. La nuit n'allait pas tarder à venir.

— Nous avons perdu beaucoup de temps, remarqua Michel, et le voilier a taillé de la route...

— Reviendrons-nous coucher à terre ? demanda Corcoze.

— Ah ! non, par exemple ! répondit Henri avec vivacité. Nous nous poserons sur l'eau s'il le faut. Mais permettre à l'adversaire d'augmenter encore son avance ? Jamais !

Il ajouta :

— Rien à craindre, d'ailleurs. Nous avons de l'essence en quantité suffisante, et de l'huile de ricin et du biscuit. Aurais-tu peur ?

— Monsieur ne m'a pas regardé ! fit Corcoze.

Il y eut soixante minutes de silence ; une heure durant laquelle, dans le crépuscule, les deux voyageurs, attentifs à ce qui se passait sous eux, ne virent que l'immense étendue de l'océan désert. Puis la nuit étendit son voile noir sur les vagues.

— Marchons encore, fit Michel. Nous nous arrêterons vers minuit ; et, demain, nous décrirons un grand cercle. Il est impossible que l'ennemi nous échappe !

Ainsi fut fait. L'aéro decendit au bout de quatre heures de vol et se posa doucement sur l'eau. Il était robuste et stable autant qu'une grosse barque.

Nos amis décidèrent de dormir à tour de rôle. Ils n'avaient pas froid. La nuit s'écoula sans incident.

Au petit jour, Michel remit le moteur en marche et l'appareil, de nouveau, s'éleva. Il ne s'agissait plus que de se tenir à sept ou huit cents mètres et de tourner, en attendant le bateau qui ne pourrait manquer d'entrer dans le champ d'observation des aviateurs.

— Je le vois ! s'écria soudain Corcoze.

Le lieutenant se retourna au risque de donner un mauvais coup au volant.

— Ah ! oui ! dit-il. Je le reconnais !... Trois mâts et toutes voiles dehors !

Une allégresse folle s'emparait des deux hommes. Michel gouverna pour se rapprocher du bâtiment. Corcoze prit une lorgnette, la braqua.

— On a dû nous apercevoir, dit-il ; il y a, sur le pont, un remue-ménage extraordinaire.

Le domestique ne commettait que la moitié d'une erreur. Il était très vrai que les matelots du voilier couraient en tous sens, mais ce n'était pas la vue de l'hydroplane qui en était la cause.

Et d'abord, il s'agissait bien du voilier commandé par Sherpy.

L'écumeur d'archipels avait passé une nuit excellente. Il s'était étiré, au réveil, et, tout de suite, il s'était pris à songer au marché qu'il avait passé la veille, avec la fille de l'ingénieur Falauvel.

— Ligalug saura qu'il ne faut pas jouer au plus fin avec moi, murmura-t-il. Il ne tardera point à voir de quel bois je chauffe mes petites affaires commerciales. Je vais le mettre au courant, puisque aussi bien, maintenant que j'ai son argent, le personnage m'est une gêne véritable. Je lui offrirai gentiment une barque et cinq jours de vivres. Il n'aura pas la sottise de refuser... Allons, debout !...

L'aventurier se leva, prit un revolver, eut un rire d'aise et quitta sa cabine. Il se dirigea d'un pas tranquille vers celle de l'Allemand, l'atteignit, frappa à la porte.

Pas de réponse.

— Ce qu'il dort bien ! s'égaya Sherpy.

Il frappa plus fort, appelant, cette fois :

— Monsieur Ligalug ! Eh !...

Mais Ligalug s'obstinait à ne pas répondre.

— Curieux ! gronda l'écumeur qui trouvait ce silence anormal.

Il prit le loquet, le tourna, fit jouer

la porte sur ses gonds, poussa une exclamation retentissante :

— Ah !...

La cabine de l'espion était vide !

— Le camarade est matinal ; il se promène sans doute sur le pont, se dit Sherpy en pivotant sur les talons.

Et il s'engagea dans un couloir menant à une échelle de fer grâce à laquelle on pouvait accéder à la partie découverte du navire.

L'écumeur n'avait pas fait vingt pas qu'il s'arrêta net.

— Oh ! rugit-il, ceci est plus fort encore !

Il venait d'apercevoir la porte ouverte de la cabine de Marthe. Au pont de l'étroite cellule, le lit, non défait, apparaissait dans la clarté blafarde tombant du hublot.

Un soupçon traversa l'esprit de l'aventurier.

En quelques bonds, il fut sur le pont ; il tonitrua :

— Rassemblement !... Tout le monde ici !

Les matelots accoururent. Diabolo lui-même, réveillé par le tintamarre, vint voir de quoi il s'agissait.

— Ligalug ! où est Ligalug ? Cherchez Ligalug ! clama Sherpy. Et la prisonnière aussi !.. Ouste ! Fouillez le bateau !...

Les marins se dispersèrent en tous sens. L'un d'eux revint bientôt auprès de Sherpy demeuré au pied de la passerelle.

— Capitaine ! dit-il. Capitaine...

L'écumeur darda sur l'homme un regard de feu.

— Eh bien, quoi ?

— La baleinière, capitaine !...

— J'écoute, tonnerre !

— Elle n'y est plus, capitaine !

L'aventurier bondit.

— Tu dis ? Tu dis ? glapit-il. Ils auraient fait cela ? Ils se seraient enfuis ? Qui était de quart cette nuit ? Qu'on m'amène les matelots de quart !

A ce moment, un bruit insolite descendit du ciel, et toutes les têtes se levèrent.

CHAPITRE IV

RUSE CONTRE RUSE

— Un avion ! s'écrièrent d'une commune voix les matelots.

— Et de la marine américaine ! fit le timonier.

Sherpy grinça des dents.

— Il ne nous manquait plus que cela pour être tout à fait contents ! gronda-t-il.

L'aventurier, on le sait, avait eu souvent maille à partir avec la justice : il n'aimait ni les policemen, ni les détectives, ni les douaniers, ni les marins chargés de la surveillance des côtes. Et parce qu'il se souciait peu de leur rendre des comptes, il avait organisé sa vie de manière à les éviter. Il ne redoutait guère plus que les aviateurs qui, depuis quelques semaines, renforçaient le service de la marine. Mais il espérait bien n'en pas rencontrer de sitôt, surtout dans la région solitaire où il venait de s'engager.

— Il ne nous manquait plus que cela ! répéta-t-il.

Son regard aiguisé de fureur s'attachait à l'appareil qui décrivait là-haut de grandes courbes dans le ciel. Pas de doute, c'était un hydravion de l'armée des Etats-Unis.

Un second coup de tonnerre interrompit net la réflexion de l'aventurier.

— Il nous en veut certainement ! dirent les matelots.

L'écumeur d'archipels haussa les épaules et éclata de rire. C'était un lutteur terrible, capable de jouer la comédie de l'énergie et de l'insouciance devant ses hommes au moment même où il était le plus inquiet.

— Il y a encore des cartouches dans vos fusils, je suppose ? fit-il. Voyez... l'oiseau a l'obligeance de se mettre à bonne portée !

L'aéro, en effet, descendait insensiblement. Michel et Corcoze surplombaient le voilier depuis une demi-minute, et ils éprouvaient un embarras imprévu.

— Impossible de lâcher mes bombes, n'est-ce pas, monsieur ?

Le lieutenant avait eu, de la main, un geste vif qui voulait dire : « Non, non, pas de bombes ! Nous blesserions Mlle Falauvel. »

Comment entrer en conversation avec les gens du navire ? Ceux-ci, qui s'étaient un instant immobilisés pour observer l'hydroplane, venait de disparaître tous ensemble.

— Hourra ! clama Corcoze. Ils ont peur de nous !

Michel sentit une bouffée de contentement lui monter au visage. De toute évidence, les matelots du voilier étaient des poltrons dont on aurait facilement raison avec un peu d'audace.

Le jeune officier en était là de ses réflexions, lorsque d'aigres sifflements se marièrent au bruit du moteur. En même temps des coups secs retentirent... des petits flocons blancs montèrent du pont du bateau.

— On nous tire dessus ! s'effara Corcoze.

— Diable ! murmura Michel.

Il donna un coup de volant à droite.

L'affaire devenait sérieuse, et les « poltrons » étaient des bandits aussi rusés qu'adroits. Les ailes de l'appareil avaient été atteintes par la première salve qui serait sans doute suivie de quelques autres.

— Lâche une bombe maintenant ! ordonna Henri.

Corcoze frissonna. Est-ce que son maître devenait fou ?

— Allons, vite ! dit le lieutenant.

Le domestique obéit, et ce ne fut qu'après avoir ouvert un compartiment et donné la liberté à l'un des projectiles qu'il constata qu'on ne se trouvait plus au-dessus du voilier.

La bombe tomba dans la mer, à quarante mètres du navire. Elle fit en explosant un épouvantable fracas et souleva une haute gerbe d'écume. Sherpy, qui ignorait les véritables intentions des visiteurs aériens, devint très pâle.

— Qu'ils rectifient leur tir et nous sommes flambés ! murmura-t-il. S'ils ont seulement une demi-douzaine de colis dans le genre de celui qui...

— Boum !

Un second coup de tonnerre interrompit net la réflexion de l'aventurier. L'écume, cette fois, éclaboussait le pont du navire, ce qui prouvait que l'avion s'était mieux placé pour envoyer sa bombe.

Sherpy, qui s'était réfugié sous la passerelle, avança le cou, observa le ciel à droite, à gauche, en avant et en arrière... Il poussa un soupir assez semblable à un rugissement !

— L'oiseau est seul ! constata-t-il.

Il contourna un pilier de soutènement, courut vers le grand mât, amena le pavillon chilien qu'il avait fait arborer en quittant la côte.

Puis, il revint au milieu du pont, prit dans sa poche un sifflet à roulette et en tira un son strident et prolongé. Les matelots quittèrent leur cachette, entourèrent le chef.

— Vos fusils à vos pieds, et bras levés ! commanda Sherpy.

Il ajouta de sa voix rouillée, en clignant de l'œil :

— Nous nous rendons !

Les hommes d'équipage, avec ensemble, déposèrent leurs armes et firent « camarades ». Cette scène n'échappa point à Michel et à Corcoze.

— Victoire ! rayonnèrent-ils.

Le lieutenant manœuvra pour descendre. L'hydravion amerrit moins de cinq minutes plus tard, alors que les marins, décidément apeurés, carguaient d'eux-mêmes les voiles et mettaient barre en dessous pour arrêter le bateau.

L'hydroplane nagea vers son adversaire. Il n'en était plus qu'à vingt mètres lorsque Sherpy, muni d'un porte-voix, s'approcha du bastingage.

— Excusez-nous d'avoir tiré, messieurs, beugla-t-il. Nous n'avions pas vu le drapeau étoilé, à cause du faux jour. A votre entière disposition pour vous faire visiter le *Zèbre*. Faut-il vous envoyer un canot ?

Michel répondit affirmativement de la tête et de la main. Puis, se tournant vers Corcoze, et à mi-voix pour n'être pas entendu de ceux du bord :

— On nous prend pour des aviateurs réguliers investis de fonctions policières, dit-il. Profitons-en.

Une barque se détachait du voilier, et quatre matelots travaillaient des avirons. Leurs pieds s'appuyaient sur un câble enroulé au fond de l'esquif.

— Voilà qui est parfait ! se dit le lieutenant.

Et il ordonna qu'on attachât l'extrémité de la corde à l'avant du fuselage de l'appareil.

Les gens de Sherpy étaient la docilité même. Ils exécutèrent l'ouvrage après avoir salué très bas les aviateurs.

Ceux-ci, aussi lestement que leur permettait l'accoutrement dont ils étaient revêtus, sautèrent dans le canot. Peu après, ils arrivaient à la coupée du voilier, où les attendait l'écumeur d'archipels.

— Votre serviteur, messieurs, articula l'aventurier. Vous venez vous assurer de la cargaison ?... Nous voyageons sur bot...

— Mon brave, sourit Michel sous son passe-montagne et sans même relever ses épaisses lunettes, vous allez rebrousser chemin et mettre le cap sur Astoria. Nous ne vous voulons aucun mal...

— Je vous crois, messieurs.

— J'ajoute que si vous vous conformez à mes ordres, et vous avez l'air trop intelligent pour n'avoir pas compris pourquoi je vous les donne tels, — vous recevrez, par mes soins, une récompense proportionnée à votre zèle. Commencez par faire transporter ces fusils dans un local dont vous me donnerez la clef.

— Oui, monsieur, dit Sherpy.

Quand l'opération fut terminée, Michel demanda à visiter le navire en détail.

— Je vous servirai moi-même de guide, assura l'écumeur.

— Passez devant, fit le lieutenant.

L'aventurier conduisit nos amis dans l'entrepont. Sur le désir manifesté par

Henri, il ouvrit, l'une après l'autre, les cabines.

Celle du fond s'ouvrait dans un endroit obscur, et les aviateurs crurent remarquer que le capitaine du navire hésitait à en pousser la porte. Ils se poussèrent du coude.

— Eh bien ? dit l'officier.

— Voilà messieurs, voilà ! s'empressa faussement Sherpy.

La cabine s'ouvrit enfin. Michel et Corcoze pénétrèrent à l'intérieur. Un rire métallique éclata dans leur dos; en même temps un bruit sec leur apprit que la porte venait de se refermer.

Ils se ruèrent vivement contre celle-ci. Trop tard ; elle était solide, et le mécanisme automatique de fermeture ne pouvait céder à la pression des deux hommes robustes.

— Hein, les policemen ? raillait Sherpy de l'autre côté de la cloison, que dites-vous de cette farce ? Vous pensiez tenir l'écumeur d'archipels ? Parbleu ! c'eût été une belle prise ! Sherpy, le terrible Sherpy, ramené à Astoria, maté, humilié ! prêt à se livrer aux juges... Hé ! Hé ! hé ! Vous êtes amusants comme tout, avec votre naïserie.

Haletants de l'effort qu'ils venaient de faire pour se dégager de la situation dramatique dans laquelle ils se trouvaient brusquement plongés, Michel et Corcoze entendaient, sans trop les comprendre, les sarcasmes de leur ennemi. Ils ne retrouvèrent leur voix que lorsque Sherpy se fut éloigné. Ils l'appelèrent, mais en vain. Personne ne marchait dans le couloir.

— Prisonniers ! fit Corcoze amèrement.

— Ennuyeux, mais beaucoup moins que tu n'as l'air de le croire, dit l'officier. Mlle Marthe est sur ce navire. Nous trouverons bien le moyen de le lui faire savoir et de la délivrer. Je ne sais encore comment, mais nous n'en sommes pas à une heure près. Selon toute apparence, nous aurons le temps d'y réfléchir.

La journée s'écoula sans qu'un seul habitant du voilier se fût montré. Une même pensée effleura les deux hommes :

— Sherpy veut nous faire mourir de faim !

Ils prêtaient l'oreille aux bruits extérieurs, essayaient de surprendre les intentions de l'écumeur et de ses acolytes. Mais, dans ce coin retiré du navire, c'était le silence, un silence qu'interrompait seul le choc lourd des vagues se brisant contre la carène du *Zèbre*.

— Il faut à tout prix que nous sortions d'ici ! dit Michel.

— Il le faut ! approuva Corcoze.

Le lieutenant n'avait pas fait quatre ans de guerre sans assouplir son imagination sous l'empire des circonstances souvent difficiles. Il inspecta donc avec minutie les parois de la cabine, constata qu'elles étaient résistantes et qu'il n'avait nul instrument pour entreprendre de disjoindre les planches.

Il s'arrêta devant le hublot.

— J'y ai songé, comme vous, souffla Corcoze. Si l'on pouvait ouvrir cette fenêtre ronde...

Il ne termina pas sa phrase, mais son front se plissa sous l'effet d'une résolution que Michel prenait au même moment.

Ils palpèrent donc les vis du hublot, les tournèrent, non sans peine. Le disque de verre, bientôt pivota, et une

Ceux-ci, aussi lestement que leur permettaient l'accoutrement dont ils étaient revêtus, sautèrent dans le canot. Peu après, ils arrivaient à la coupée du voilier, où les attendait l'écumeur d'archipels.

bouffée d'air frais entra dans la cabine.

— Le plongeon, n'est-ce pas, monsieur ? Et nous nagerons jusqu'à l'aéro, si nous pouvons ? Et, ayant repris notre vol, nous tiendrons les bandits sous la menace de nos bombes ? Et ils nous livreront Mademoiselle, qu'ils feront descendre dans un canot, toute seule ? Et nous verrons ensuite si nous devons pulvériser les misérables ou les laisser vivre ?

— Bien raisonné ! approuva le lieutenant. Tu n'oublies qu'une chose, c'est qu'avec nos habits de peau de phoque, nous ne pourrons nager... Débarrassons-nous-en d'abord...

La nuit était venue. Michel et Corcoze ôtèrent leur carapace d'aviateurs. Ils ne se dissimulaient ni l'un ni l'autre ce que leur entreprise avait de hasardeux. Qu'une lame les roulât en effet et ils étaient perdus. Et puis, la vitesse du *Zèbre* leur permettrait-elle de mener à bien leur gymnastique téméraire ?

N'importe ! Ils jouaient leur chance avec la froide détermination des héros.

— Je passe le premier, dit Henri. Compte jusqu'à cinq, après que j'aurai sauté, pour me laisser le temps de m'éloigner un peu dans l'eau... Et bon courage !

— Bon courage vous aussi, fit Corcoze.

Dans l'ombre, les hardis compagnons se serrèrent la main, longuement. Qui sait s'ils ne se disaient pas adieu pour toujours ?

Puis, l'officier avança un escabeau sous le hublot, monta sur le siège de bois, s'engagea dans l'étroite fenêtre ronde...

Mais il s'y était mal pris, et il dut revenir en arrière.

— Les bras d'abord, et non la tête, expliqua-t-il. Comme ceci...

Il remonta sur l'escabeau, étendit les mains...

A ce moment précis, la porte de la cabine s'ouvrit, une lumière crue inonda le local, et des hommes chaussés d'espadrilles entrèrent. Michel et Corcoze se retournèrent en tressaillant.

CHAPITRE V

« SAVEZ-VOUS A QUI VOUS PARLEZ ? »

— Pas de chance, monsieur ! fit Corcoze d'un ton qui résumait la colère et l'angoisse du brave garçon.

Le lieutenant s'appliqua, d'un violent effort, à recouvrer son sang-froid.

— J'ai bien l'honneur de vous saluer ! dit-il aux nouveaux arrivants. Qu'est-ce qui me vaut l'honneur de votre visite à une heure aussi tardive ?

— Le capitaine veut vous voir tous les deux, répondit un des hommes. Suivez-nous.

— Que nous veut-il ?

— Peut-être vous inviter à dîner...

Les trois colosses rangés derrière l'homme qui venait d'articuler ces mots, pouffèrent d'un nouveau rire qui en disait long sur les intentions de Sherpy.

— Ah ! canailles ! fit Michel.

Et, rapide comme l'éclair, il bondit sur un des personnages, se saisit du revolver qu'il portait à la ceinture, le braqua résolument. Les autres matelots n'étaient pas armés.

— Arrière, bandits ! clama l'officier.

Puis, à Corcoze :

— File par le hublot, regagne l'avion, prends de la hauteur et pulvérise-moi le navire ! Il y a des bombes dans les casiers !

Michel savait bien que son compagnon ne pouvait, tout seul, venir à bout de tant d'ouvrage. Mais il comptait frapper de crainte ses adversaires et les déterminer à une fuite rapide. Il les voyait déjà battant une retraite et allant donner l'alarme sur le voilier.

— Oui, monsieur, acquiesça l'héroïque Corcoze.

Les hommes, pour la troisième fois, laissèrent déborder leur gaîté.

— Au bout de trois, je tire ! annonça Michel. Un... deux...

Il ne se pressait pas ; les aventuriers ne bougeaient pas d'une semelle.

— Trois ! dit le jeune homme en appuyant sur la gâchette, le canon du revolver touchant presque la poitrine d'un des matelots.

Le percuteur du browning fit un petit bruit sec. Mais il n'y eut ni lueur, ni détonation, ni fumée.

— Pas de cartouches dans le barillet, ricanèrent les gens de Sherpy.

L'instant d'après, les quatre gaillards empoignaient nos amis et les poussaient brutalement du côté de l'entrepont. Au bout du couloir déjà entrevu, brillait de la lumière. Elle partait de la cabine de l'écumeur d'archipels, dans laquelle Michel et Corcoze furent conduits, ou plutôt précipités. Sherpy se tenait au fond de la pièce, plus grande et un peu mieux meublée que les autres. A sa droite et à sa gauche, le second du *Zèbre* et le timonier en pied étaient debout.

— Capitaine, déclara un des hommes, il était temps que nous arrivions, les oiseaux allaient quitter leur cage !

— Eh ! fit Sherpy de sa voix embrumée ; ils la quitteront, avant qu'il ne soit longtemps. Et dans des conditions de confort dont ils nous sauront gré...

Puis, s'adressant à ses prisonniers :

— Honorables policemen, sourit-il méchamment, à chacun son métier ; le vôtre était de m'attaquer ; le mien est de me défendre. Cependant je ne suis pas un assassin. Le tribunal que je préside, après avoir examiné votre cas, vient de vous condamner à mort.

Corcoze, en entendant cette caricature de sentence, fut secoué d'un frisson. Michel ne broncha pas.

— On va vous mettre dans un sac de bonne qualité, poursuivit le forban ; un sac lesté au préalable d'un boulet de fonte. Si vous avez soif, vous pourrez toujours boire avant de vous endormir pour tout de bon.

Le second, le timonier et les quatre colosses goûtèrent fort cette plaisanterie.

— Ce serait parfait, et j'applaudirais d'enthousiasme à votre humour, dit alors Michel, si vous ne commettiez une légère erreur. Savez-vous à qui vous parlez ?

— J'allais vous le demander, fit Sherpy. Votre état civil m'intéresse ; je me ferai un devoir de prévenir la police de votre trépas glorieux pour que vos chefs puissent chanter vos louanges.

— Sachez donc, articula le jeune homme d'une voix éclatante, que mon chef est le général Foch ; que je suis lieutenant de l'armée française ; que mon compagnon est Français comme moi, et qu'en nous ôtant la vie, vous vous exposez à un terrible châtiment !

Sherpy sembla étonné de cette déclaration. Puis, incrédule :

— C'est bien imaginé ! Mais votre avion porte les couleurs américaines...

— Bien imaginé ! bondit Michel. Vous faut-il des preuves ? Voulez-vous mes papiers d'identité ?

— Inutile, sir ! Vous seriez Parisien... de Paris et plus haut en grade que ma décision resterait ce qu'elle est. Votre nationalité n'explique rien. Vous mourrez !

— Je vois que Ligalug vous a fait la leçon, sourit amèrement le prisonnier.

— Hein ? tressaillit Sherpy.

— Oh ! vous ne pouvez pas nier ! Entre Ligalug et moi, c'est la lutte sans merci. Vous, au fond, vous n'êtes que son instrument. Un pantin dont il tire les ficelles. J'ai perdu la partie, c'est bien. Je ne vous demanderai qu'une faveur avant de disparaître...

L'officier eut une pause et sa voix se fit plus sourde.

— Ce serait de me permettre d'adresser mes adieux à Mlle Marthe Falauvel, que je voulais sauver pour la rendre à son père, et qui demeure votre otage, votre victime... Me refuserez-vous cela ?

Sherpy ouvrait de grands yeux.

— La mort ne m'effraie pas, assura le jeune homme ; je l'ai affrontée, là-bas, à la guerre. Ce qui m'effraie, c'est le sort que vous réservez à cette malheureuse. Ce qui m'émeut, c'est la douleur de ce pauvre père quand il saura que j'ai échoué dans ma tâche et qu'il ne doit plus conserver l'espoir de revoir son enfant.

Sherpy, qui était resté assis depuis le début de cette scène, se leva. Il semblait agité.

— Vos papiers ! dit-il.

Michel tendit son portefeuille.

— Racontez-moi tout... non ! Attendez !... Qu'on emmène celui-ci... Je l'interrogerai tout à l'heure...

De la main, il désignait Corcoze. Deux colosses poussèrent le domestique dans le couloir.

Alors le lieutenant fit le récit détaillé des événements connus des lecteurs. Sherpy écoutait avidement, de même qu'il écouta Corcoze un quart d'heure plus tard, quand on l'interrogea. Comme le brave domestique achevait de dire ce qu'il savait, un matelot entra.

— Capitaine, fit-il en saluant, les sacs de toile sont prêts, mais je n'ai qu'un boulet de fonte. Dans l'autre sac on pourrait mettre...

— Va-t'en au diable ! interrompit l'écumeur.

— Mais, capitaine, j'ai regardé partout dans la soute, et...

— Tonnerre ! est-ce que tu es sourd ? beugla l'aventurier ; je te dis de déguerpir.

Puis, s'adressant à Michel :

— Etes-vous capable d'oublier le petit malentendu qui a failli se glisser entre nous ?

— Vous appelez ça un petit malentendu ? fit le lieutenant amusé.

— Mettez gros malentendu et qu'il n'en soit plus question. Ecoutez-moi. Ligalug est mon ennemi...

— Oh ! oh ! dit Michel redevenu méfiant.

— Il l'est, je vous le jure... Depuis

hier... Il m'a faussé compagnie et emmené Mlle Marthe, avec qui j'avais conclu une alliance fructueuse... Je devais le ramener à son père...

— Allons donc !

— Vous faut-il des preuves ? articula Sherpy. Regardez cette carte ! Et cette croix au crayon rouge, que la demoiselle a tracée de sa propre main ! Une autre preuve, et la meilleure de toutes : Vous êtes libre ! vous et votre boy, à la condition, naturellement, que vous m'aiderez à me venger de Ligalug et que vous ferez valoir mes mérites auprès de M. Falauvel quand nous l'aurons rejoint. Dites ?

L'écumeur d'archipels avait, au coin des lèvres, un retroussis haineux, et dans le regard une flamme cupide.

— Entendu ! accepta Michel. Si mon aide peut vous être de quelque utilité la vôtre ne m'est pas moins précieuse. Mais avant toute chose, faites-nous servir à manger ; il y a trente heures que nous n'avons pas pris d'aliments.

— Je vous tiendrai compagnie et nous viderons ensemble une bonne bouteille, fit Sherpy.

Les colosses, ahuris de ce qu'ils venaient de voir et d'entendre, quittèrent la chambre du capitaine en voûtant le dos. Ils avaient connu bien des aventures, mais celle-là était, de toutes, la plus imprévue...

Lire la suite de LE GRAND CHOC dans le volume qui paraîtra la semaine prochaine sous le titre :

Le Dompteur de Planètes

(Nos lecteurs en trouveront le début à la page suivante.)

LE DOMPTEUR DE PLANÈTES

CHAPITRE PREMIER

DIGDI !

Ligalug, transformé en matelot dans la grande barque qui emportait Marthe Falauvel, commençait à être sérieusement inquiet.

En quittant le *Zèbre* de la manière dont on se souvient, il n'avait qu'une idée : empêcher la réalisation du plan de Sherpy, c'est-à-dire redevenir le maître absolu de la prisonnière.

D'abord, il pensait bien trouver des vivres dans le coffre de la baleinière ; on ne mourrait pas de faim.

Ensuite, on rencontrerait, en naviguant vers le sud, quelque navire allant en Amérique. Inventer une histoire de naufrage pour se faire recueillir à bord, et empêcher, par la terreur, la jeune fille de parler ne serait qu'un jeu pour le triste personnage.

Or, les choses ne se passaient pas, mais pas du tout selon les prévisions de Ligalug.

En fait de vivres, il n'avait découvert au fond de la barque qu'une demi-douzaine de biscuits à moitié détrompés par l'eau de mer.

De plus, il n'avait plus de boussole, son inhabileté à manœuvrer la voile lui faisait courir des bordées sans nombre, décrire des zigzags au milieu desquels il était malaisé de reconnaître une direction générale.

Enfin l'ocan restait désert, effroyablement. En dehors du bruit du moteur d'aéroplane entendu une nuit, rien n'était venu déceler la présence des hommes sur l'immense étendue mouvante.

Les biscuits maintenant touchaient à leur fin.

La prisonnière n'y avait pas touché. Accablée de désespoir, mordue jusqu'aux os par le froid de la nuit, brûlée de jour par le grand soleil, ballottée sur les vagues puissantes, la pauvre Marthe, réduite à l'état d'épave vivante se sentait peu à peu envahir de fièvre. Bientôt, elle fut prise de délire.

— Va-t-elle mourir ? gronda Ligalug. Va-t-elle ainsi m'échapper ? Perdrai-je bêtement l'otage qui me permettrait de m'emparer de l'ingénieur ?

L'espion serrait les poings et grinçait des dents il en arrivait à oublier le danger qu'il courait lui-même dans cette vaste solitude. Soudain, il poussa un cri d'effroi...

La baleinière venait d'être précipitée au fond d'un gouffre liquide creusé brusquement sous elle... Un instant, elle tournoya. Puis, elle rebondit à une hauteur prodigieuse, pivota au sommet d'une montagne écumante, glissa vers de nouvelles profondeurs...

Cette colère subite de l'océan frappa le traître d'épouvante. Instinctivement, il rentra la voile ; puis il se cramponna au mât...

Au-dessus de lui, le ciel restait bleu. Le vent n'était ni plus ni moins soutenu qu'avant d'entrer dans la danse infernale.

Chaque fois que l'embarcation atteignait le faîte d'une vague monstrueuse, les yeux dilatés de terreur de Ligalug apercevaient un lac tranquille, mais noir comme de l'encre.

(*A suivre.*)

4647. — Imp. Charaire à Sceaux. — 11-25.

Le Volume 45 cent.

Collection d'Aventures

Le Volume 45 cent.

TITRES DES VOLUMES PARUS (Suite)

374. Le Trésor du Corsaire — D. Ramières.
375. Jehan, le Frivolet — M. Savigny.
376. Le Reître Rouge — M. Savigny.
377. Le Nain du Kingstown — R. Préval.
378. Les Morts Vivants — R. Préval.
379. Le Bataillon de la Révolte — R. Préval.
380. La Main noire allemande — G. Mériel.
381. Les Geôles boches — G. Mériel.
382. Le fils du Condamné — Pierre Gallien.
383. L'Empreinte sanglante — Pierre Gallien.
384. La Torpille aérienne — A. Romagny.
385. Chez les Pygmées — J. Aleyrac.
386. La Forêt souterraine — J. Aleyrac.
387. Passe-Partout, le petit Eclaireur — F. d'Argelles.
388. Les Forceurs de blocus — F. d'Argelles.
389. Le Géant noir — F. d'Argelles.
390. Le Roi des Forêts — F. d'Argelles.
391. Le Nègre blanc — F. d'Argelles.
392. Les Fantômes du Souterrain — F. d'Argelles.
393. Le Paquebot vengeur — F. d'Argelles.
394. La Mort du Fauve — F. d'Argelles.
395. Sauticot, gamin de Paris — Jacques Rinet.
396. Une Poursuite mouvementée — Jacques Rinet.
397. La Capture d'un bandit — Jacques Rinet.
398. La Bague à secret — S. Freidy.
399. La Main criminelle — S. Freidy.
400. A travers la Jungle mystérieuse — S. Freidy.
401. La Fiancée du Marahajah — S. Freidy.
402. La Cachette introuvable — S. Freidy.
403. Aventures d'un gentilhomme français chez les Gantois — J. Bernard.
404. Le Pardon d'un roi — J. Bernard.
405. L'Héritage de B.-P. Selton — A. Romagny.
406. Les Victimes du « Loup Blanc » — A. Romagny.
407. Timor, le pirate — A. Romagny.
408. Le Valet de chambre milliardaire — A. Romagny.
409. La Vengeance d'un forban — A. Romagny.
410. L'Esclave du silence — Guy Tong.
411. Prisonniers du Chancelier rouge — Guy Tong.
412. Ruse d'Espionne — Guy Tong.
413. Le Plan de Lilian Malkiel — Guy Tong.
414. L'Etrange pouvoir d'un fakir — Guy Tong.
415. Le Triomphe de l'homme sans nom — Guy Tong.
416. Sire de Kergorec — José Moselli.
417. Yves le Corsaire — José Moselli.
418. Les Fourberies de Scafati — José Moselli.
419. Le Roi des Incas — José Moselli.
420. Le Savant Doublezédé — José Moselli.
421. Les Naufragés du Haï-Nan — P. Adam.
422. La trouvaille fatale — P. Adam.
423. Les Revenants du lac Khanka — P. Adam.
424. Le Trésor du Comte Doudisky — P. Adam.
425. L'Homme à la Carabine — J. Moselli.
426. Assiégés par les Convicts — J. Moselli.
427. L'Auberge du Nandu — J. Moselli.
428. Capturée par les Canaques — J. Moselli.
429. Les Diamants de l'Idole — J. Moselli.
430. La Mission du Cardinal — J. Mahan.
431. L'Evadé de la Bastille — J. Mahan.
432. Au Palais du roi de Siam — J. Mahan.
433. Face de Fer — J. Mahan.
434. La Momie Verte — J. Frick.
435. Le Supplice de Tantale — R. Gatien.
436. Les Dangers de la Forêt Vierge — R. Gatien.
437. L'Infernal Châtiment — R. Gatien.
438. Martin Daltier, détective — Maxwel Scott.
439. A la merci des flots — Maxwel Scott.
440. Les Documents volés — Maxwel Scott.
441. L'Etoile du Pendjab — Paul Darcy.
442. Le Sanctuaire des Honcas — Paul Darcy.
443. Le Capitaine Fière-Lame — S. Walkey.
444. L'Ile fantastique — S. Walkey.
445. Le Chemin du Trésor — S. Walkey.
446. Les Mystères de la mer de Corail — J. Moselli.
447. Le Secret de Wun-Hi — J. Moselli.
448. Les Chasseurs de Têtes — J. Moselli.
449. La Jonque perdue — J. Moselli.
450. Aux prises avec les Cannibales — J. Moselli.
451. Poursuivis par les Requins — J. Moselli.
452. Un Drame chez les Fous — J. Moselli.
453. Les Chinois du « Tasmanian » — J. Moselli.
454. L'Or de la « Fleur des Eaux » — J. Moselli.
455. L'Usine infernale — P. Adam.
456. L'Escorte invisible — P. Adam.
457. L'Evasion de Philibert — P. Adam.
458. Le Breuvage magique — P. Adam.
459. L'Implacable Vengeance — P. Adam.
460. Le Secret du Lynx — J. Sarpi.
461. A la recherche d'un héritage — J. Sarpi.
462. La Cave aux diamants — J. Sarpi.
463. A la poursuite de Paterson — J. Sarpi.
464. Le Mort vivant du « Black-Cross » — J. Sarpi.
465. La Fortune de l'oncle Thomas — J. Sarpi.
466. L'Absent — Jo. Valle.
467. L'Heure de la Justice — Jo. Valle.
468. La Mission d'Henri Mortier — Paul Darcy.
469. L'Auto Mystérieuse — Paul Darcy.
470. Un Gentilhomme cambrioleur — Paul Darcy.
471. L'Homme de la nuit — Paul Darcy.
472. Le Cadet de Crèvecœur — José Moselli.
473. La Galère de Kaireddin — José Moselli.
474. Les Aveux de Caboustrac — José Moselli.
475. Les Trente — P. Barbance.
476. Le Repaire des Buttes-Chaumont — P. Barbance.
477. La Curiosité du Docteur Grobet — P. Barbance.
478. L'Ile des Rats — P. Barbance.
479. La Revanche de Ruquer — P. Barbance.
480. Le Champion de l'Univers — P. de Chantenay.
481. Le Train disparu — P. de Chantenay.
482. Le Dragon d'émeraude — P. de Chantenay.
483. Les Suppliciés de l'île déserte — P. de Chantenay.

NOUVELLE SÉRIE à 35 cent. le volume.

(Envoi franco contre 45 centimes.)

484. Le Mystère du Californian-Office — P. de Chantenay.
485. L'Hypnotiseur Ashinaya — P. de Chantenay.
486. Le Grand Choc — P. Adam.
487. Les Bandits du Pont de Brooklyn — P. Adam.
488. L'Etrange Invention de Falauvel — P. Adam.
489. Vers le Pôle magnétique — P. Adam.

Tous ces volumes sont expédiés *franco* à domicile sur demande accompagnée d'un mandat et adressée à l'Administration, 3, rue de Rocroy, Paris (X^e). Ajoutez au prix de chaque volume **15** centimes pour le port.

4647. — Imp. Charaire, à Sceaux. — 11-25.

www.ingramcontent.com/pod-product-compliance
Ingram Content Group UK Ltd.
Pitfield, Milton Keynes, MK11 3LW, UK
UKHW022141260726
13993UKWH00005B/2078

9 782329 198767